200
zumos y batidos

200
zumos y batidos

BLUME

BLUME

Título original:
200 Juices and Smoothies

Traducción:
Amy Sheridan

Revisión técnica de la edición en lengua española:
Eneida García Odriozola
Cocinera profesional
(Centro de formación de cocineros y pasteleros de Barcelona Bell Art).
Especialista en temas culinarios

Coordinación de la edición en lengua española:
Cristina Rodríguez Fischer

Primera edición en lengua española 2010
Reimpresión 2011

© 2010 Naturart, S.A. Editado por BLUME
Av. Mare de Déu de Lorda, 20
08034 Barcelona
Tel. 93 205 40 00 Fax 93 205 14 41
e-mail: info@blume.net
© 2008 Octopus Publishing Group, Londres

I.S.B.N.: 978-84-8076-909-9
Depósito legal: B. 812-2011
Impreso en Tallers Gràfics Soler, S.A.,
Esplugues de Llobregat (Barcelona)

WWW.BLUME.NET

En las recetas que se presentan en este libro se utilizan medidas
de cuchara estándar. Una cucharada sopera equivale a 15 ml;
una cucharada de café equivale a 5 ml.

Las porciones estándar equivalen a 200 ml. Deben lavarse todas las frutas
y las verduras antes de su consumo. Las hierbas deben utilizarse frescas,
a menos de que se indique lo contrario. El yogur debe utilizarse vivo,
salvo que se indique lo contrario.

Las autoridades sanitarias aconsejan no consumir huevos crudos. Este libro
incluye algunas recetas en las que se utilizan huevos crudos o poco cocinados.
Resulta recomendable y prudente que las personas vulnerables, tales como
mujeres embarazadas, madres en periodo de lactancia, minusválidos, ancianos,
bebés y niños en edad preescolar eviten el consumo de los platos preparados
con huevos crudos o poco cocinados. Una vez preparados, estos platos
deben mantenerse refrigerados y consumirse rápidamente.

Este libro incluye recetas preparadas con frutos secos y derivados de los
mismos. Es aconsejable que las personas que son propensas a sufrir
reacciones alérgicas por el consumo de los frutos secos y sus derivados,
o bien las personas más vulnerables (como las que se indican en el párrafo
anterior), eviten los platos preparados con estos productos. Compruebe
también las etiquetas de los productos que adquiera para preparar los alimentos.

Este libro se ha impreso sobre papel manufacturado con materia prima procedente
de bosques sostenibles. En la producción de nuestros libros procuramos, con
el máximo empeño, cumplir con los requisitos medioambientales que promueven
la conservación y el uso sostenible de los bosques, en especial de los bosques
primarios. Asimismo, en nuestra preocupación por el planeta, intentamos emplear
al máximo materiales reciclados, y solicitamos a nuestros proveedores que usen
materiales de manufactura cuya fabricación esté libre de cloro elemental (ECF)
o de metales pesados, entre otros.

contenido

introducción

hacerse zumos es la solución

Hoy en día es imposible eludir el hecho de que necesitamos ingerir al menos cinco porciones de fruta y verdura cada día para asegurarnos de poder disfrutar de buena salud a lo largo de nuestras vidas. Los ajetreados estilos de vida actuales implican que a menudo comamos cómo y cuándo podemos, sin pensar demasiado en el contenido nutritivo sino más bien en la comodidad y en la rapidez de preparación.

Todos los estudios señalan, sin embargo, que tanto nuestro bienestar a largo como a corto plazo depende de cuidar más nuestra alimentación, sobre todo cuando se trata de frutas y verduras.

cinco buenas razones para hacerse zumos

- Los zumos ayudarán a nuestro cuerpo a recuperarse de las enfermedades y nos protegerán frente a ellas.

- Tomando zumos podemos conseguir con facilidad el aporte diario recomendado de vitaminas y minerales.

- El ácido fólico que se encuentra en la fruta y la verdura contribuye a la buena salud del pelo y de las uñas.

- Los antioxidantes de la fruta y la verdura son fundamentales para tener una piel saludable y atractiva.

- Los zumos son un apoyo práctico y saludable para los programas de adelgazamiento.

Deberíamos aprender a considerar la comida como una materia importante y valiosa que no sólo permitirá a nuestros cuerpos funcionar de manera óptima el mayor tiempo posible, sino que también mejorará nuestro aspecto.

ventajas nutritivas

Las frutas y las verduras son económicas y fáciles de conseguir, y la variedad que ofrecen ahora los supermercados y muchas tiendas más pequeñas es mayor de la que jamás haya habido. Aunque hacerse un zumo apenas requiere preparación y hay que recoger poco después, muchos de nosotros a menudo nos encontramos optando por unas patatas fritas o una galleta en lugar de por un zumo recién preparado. La comida basura no solamente carece de valor nutritivo, sino que necesitamos comerla cada vez con más frecuencia y en mayores cantidades para sentirnos satisfechos.

Es perfectamente comprensible que a la mayoría nos cueste trabajo asimilar la idea de comer cada día una bolsa de manzanas o un montón de verduras, y por eso hacerse un zumo es una alternativa tan atractiva: los zumos son rápidos y fáciles de preparar, son deliciosos para beber y además llenan y son nutritivos. Combinar varias frutas y verduras diferentes en sus zumos habituales es una de las maneras más fáciles de alcanzar en un momento el objetivo de al menos cinco al día.

¿por qué hacerse los zumos en casa?

¿Cuál es la diferencia entre hacerse su propio zumo y comprar uno envasado? La más evidente es que los nutrientes presentes en el zumo recién preparado, casero, superan con creces los de cualquier zumo comprado. Los zumos comprados han sido pre-exprimidos, envasados y diluidos con agua, y muchos de los nutrientes se pierden en el proceso. También puede haber aditivos en los zumos comprados, incluidos conservantes, mientras que en casa puede estar completamente seguro de lo que está bebiendo.

Los nutrientes del zumo casero pueden ser rápidamente asimilados por el cuerpo. De hecho, esto puede tener cierto impacto sobre su cuerpo porque es un proceso desintoxicador que puede causar un leve dolor de cabeza. Cuando comience a beber sus propios zumos quizá note también que orina con mayor frecuencia. Sin embargo, una vez que su cuerpo se ajuste a su nueva dieta, los síntomas desaparecerán, usted se sentirá fenomenal y su aspecto será estupendo.

hacerse los mejores zumos y *smoothies*

Si es un novato en el tema de los zumos y los *smoothies*, es mejor no salir corriendo a comprar un montón de aparatos caros. Los *smoothies* se pueden hacer fácilmente con un procesador de alimentos o una batidora. No obstante, si tiene pensado hacer zumos con frecuencia descubrirá que vale la pena invertir en un buen aparato.

¿qué licuadora?

En la actualidad hay varios modelos en el mercado y su elección seguramente dependerá tanto de cuánto desee gastarse como de la eficacia del aparato. Hay dos opciones básicas: la de tipo «masticadora», que empuja los ingredientes a través de una malla metálica y extrae la máxima cantidad posible de zumo a medida que lo hace, y la de tipo «centrífuga», que utiliza palas giratorias para separar la pulpa del jugo. La licuadora centrífuga produce menos zumo, pero es una opción más económica para principiantes.

vamos a hacer un zumo

1 Reúna sus ingredientes, pero no los prepare hasta el último momento para evitar la pérdida de color.
2 Lave o limpie con un cepillo los ingredientes que vaya a usar enteros, como zanahorias o chirivías, y pélelos sólo si es absolutamente necesario.
3 Corte los ingredientes en trozos más o menos grandes y péselos según la receta.

¿qué es un *smoothie*?

A diferencia de un zumo, un *smoothie* se hace en un procesador de alimentos o una batidora. Es más espeso que un zumo y la mayoría incluye ingredientes adicionales, tales como yogur, miel, helado o leche además de fruta y zumos. Un *smoothie* es aún más rápido y fácil de preparar que un zumo porque todos los ingredientes se vierten directamente dentro del aparato y simplemente se procesan durante algunos segundos.

Una de las mejores maneras de hacer un *smoothie* realmente bueno es utilizar frutas congeladas. El proceso de congelación implica que las vitaminas y los nutrientes queden retenidos en las frutas y los productos congelados le permitan disfrutar de frutas y verduras de temporada durante todo el año. Su bebida estará fría de manera natural y no tendrá que diluirla con hielo o agua fría.

zumos y *smoothies* para niños

Asegurarse de que sus hijos tomen un mínimo de cinco frutas y verduras al día puede ser una batalla, pero los zumos y los *smoothies* son una manera estupenda de conseguir que reciban todos los nutrientes necesarios para tener un cuerpo saludable, en crecimiento. A la mayoría de niños les encantan y su vida será más fácil si no tiene que intentar obligarles a comer brócoli.

escoger los mejores ingredientes

Hay muy pocas frutas o verduras que no se puedan usar para hacer zumos y *smoothies*, y aunque la idea de comerse unos trozos de chirivía y de piña juntos no le llene de entusiasmo esta combinación es sorprendentemente buena en forma de zumo. Sin embargo, hay algunos firmes favoritos que se repiten una y otra vez, y a continuación se ofrece un resumen de algunas de las mejores frutas y verduras.

Compre verdura y fruta de cultivo ecológico siempre que pueda para evitar los residuos de pesticidas y lave o límpiela a conciencia con un cepillo antes de usarla, para eliminar la suciedad y los gérmenes.

manzanas

Las manzanas no solamente están llenas de antioxidantes, sino que tienen un sabor dulce natural que complementa muy bien los ingredientes ácidos y salados. Utilice las manzanas sin pelar o licúelas enteras, incluidas las pepitas, para obtener el máximo aprovechamiento nutritivo –el antioxidante quercetina, por ejemplo, se encuentra sólo en la piel. Cuanto más fresca es la manzana, más vitamina C contiene.

naranjas y otros cítricos

Son una de las mejores fuentes de vitamina C y también uno de los ingredientes más populares para mezclar en zumos y *smoothies*. Algunas recetas recomiendan quitar la piel pero dejar parte de la corteza blanca unida a los gajos, para incrementar el contenido vitamínico de sus bebidas.

plátanos

Los plátanos son especialmente útiles en los *smoothies* porque ayudan a crear una bebida espesa, suave y sabrosa. Los plátanos se pueden pelar, trocear y congelar la noche anterior para hacer una bebida fría el día siguiente. Están llenos de carbohidratos y son un refuerzo energético ideal o un aperitivo rápido.

fresas

Beneficiosas a la par que deliciosas, las fresas son una buena fuente de vitamina C, calcio y potasio. Para aprovechar al máximo este favorito universal, congele las frutas cuando estén en temporada y añádalas a los *smoothies* durante todo el año.

peras

Las peras están deliciosas en los zumos. Combinan bien con otras frutas y verduras, y son ideales para los niños porque casi nunca producen reacciones alérgicas. Están llenas de vitamina C, potasio y betacaroteno y son una fuente rápida de energía.

melocotones

Gracias a sus cualidades antioxidantes son de gran ayuda si padece de trastornos estomacales. Asimismo son una buena fuente de vitamina C.

albaricoques

Se pueden utilizar tanto frescos como secos en los zumos y *smoothies*. Los secos tienden a ser mucho más dulces que los frescos, pero tienen un alto contenido en betacaroteno y potasio.

arándanos

Si padece de infecciones urinarias el zumo de arándanos podría ser la solución. Los frutos son ricos en vitamina C y potasio y están deliciosos en zumos, a los que aportan un sabor agridulce y un vibrante color.

moras

Ricas en vitamina C y repletas de antioxidantes, las moras ayudan a crear un sistema inmune fuerte y sano. Los frutos frescos se congelan bien y se pueden añadir a los *smoothies* durante todo el año.

mangos

Un mango aportará un sabor exótico a las bebidas y además la fruta contiene un alto nivel de vitamina C, fibra y potasio. Es una fruta estupenda para mantener en la lista de la compra.

sandías

Las sandías, que producen una gran cantidad de zumo, son una magnífica fruta antioxidante, desintoxicante y diurética. También son un firme favorito entre los niños por su sabor suave y dulce.

aguacates

Los aguacates están repletos de proteína, son saciantes y nutritivos. También son ricos en vitamina E, que es beneficiosa para la piel y ayuda a mantener una buena circulación. Los aguacates se deben comer en cuanto están maduros ya que empiezan a perder antioxidantes importantes a medida que maduran. Córtelos y elimine la piel y el hueso en el último momento para evitar la pérdida de color.

tomates

Se cree que los tomates pueden ayudar a reducir el riesgo de determinados tipos de cáncer y esto se atribuye al licopeno que contienen. También son ricos en vitamina C y fibra. Añadir tomates a los zumos salados potencia su contenido en nutrientes y les aporta colorido.

zanahorias

Las zanahorias son un alimento muy energético y ayudan a hacer una buena digestión gracias a su contenido en fibra; además están llenas de beta y alfacaroteno y están deliciosas tanto en zumos de frutas como de verduras.

espinacas

A algunas personas les repugna la idea de meter espinacas en una bebida, pero «no rechaces lo que no conoces». Son ricas en hierro y en betacaroteno, y resultan estupendas para los vegetarianos.

remolacha

La remolacha es una gran fuente de ácido fólico y fibra. Sorprendentemente está deliciosa cuando se combina con cítricos, creando un zumo ácido y colorido.

apio

El apio es un magnífico limpiador para el organismo y es rico en fitonutrientes. Unos cuantos tallos de apio producen una buena cantidad de zumo y se digiere mucho mejor como zumo que en su estado natural.

jengibre

Muy conocido en muchas dietas tradicionales por potenciar la inmunidad, el jengibre ayuda a luchar contra los gérmenes gracias a sus altos niveles de zinc. También se dice que asienta el estómago y es especialmente útil para las futuras madres que padecen náuseas matinales.

yogur vivo

El yogur vivo es una valiosa fuente de calcio y de vitamina D. Ayuda a mantener una buena salud, porque contiene fermentos con propiedades que promueven la salud. Añadir yogur a un *smoothie* es una buena manera de dar un aporte de calcio a un niño a quien no le guste la leche.

soja

La soja es rica en proteína y calcio. Es una alternativa excelente a los productos lácteos para las personas con intolerancia a la lactosa y ayuda a mantener bajos los niveles de colesterol. Asimismo es útil para controlar los síntomas de la menopausia.

zumos de frutas

zumo de sandía y fresa

para **200 ml**

200 g de **fresas**, y algunas
   más para servir (opcional)
200 g de **sandía**
**un pequeño manojo de hojas
de menta**, más unas ramitas
   para decorar
2-3 **cubitos de hielo**

Quite el rabo y las hojas a las fresas. Pele y quite las semillas a la sandía y corte la pulpa en dados.

Pase la fruta a un procesador de alimentos o una batidora, añada la menta y procésela con un par de cubitos de hielo.

Vierta el zumo en un vaso, decórelo con ramitas de menta y con fresas enteras o troceadas, si lo desea, y sírvalo inmediatamente.

Para preparar zumo de sandía y arándano, sustituya las fresas por la misma cantidad de arándanos y añada 200 g de pepino. Esto hará una bebida más larga, más refrescante y ligeramente ácida.

zumo de sandía y frambuesa

para **350 ml**

unos 300 g de **sandía**
125 g de **frambuesas**
2-3 **cubitos de hielo**

Pele y quite las semillas a la sandía y corte la pulpa en dados. Licue la sandía con las frambuesas.

Vierta el zumo en un vaso, añada un par de cubitos de hielo y sírvalo inmediatamente.

Para preparar zumo de sandía y naranja, licue dos naranjas en lugar de las frambuesas.

zumo de papaya, frambuesa y pomelo

para **200 ml**

150 g de **papaya**
150 g de **pomelo**
150 g de **frambuesas**
jugo de ½ **lima**, más unas
   rodajas para servir (opcional)
2-3 **cubitos de hielo**

Saque con una cuchara la pulpa de la papaya. Separe los gajos del pomelo, dejando la corteza blanca, y lícuelos con la papaya, las frambuesas y el jugo de lima.

Vierta el zumo en un vaso, añada los cubitos de hielo, si los usa, y decórelo con rodajas de lima si lo desea.

Para preparar zumo de papaya y naranja, sustituya el pomelo y las frambuesas por el jugo de 2 naranjas y 125 g de pepino.

zumo de piña, uva y apio

para **200 ml**

125 g de **piña**
125 g de **uvas blancas**
   sin pepitas
50 g de **apio**
50 g de **lechuga**, y un poco
   más para servir (opcional)
2-3 **cubitos de hielo** (opcional)

Retire la piel y el corazón de la piña y corte la pulpa en trozos más o menos grandes. Licue la piña con las uvas, el apio y la lechuga.

Vierta el zumo en un vaso sobre hielo, si lo usa; decórelo con unos trozos de lechuga, si lo desea, y sírvalo inmediatamente.

Para preparar zumo de piña y pera, doble la cantidad de piña y sustituya las uvas, el apio y la lechuga por 2 peras y media lima. Este zumo es rico en vitaminas además de ser delicioso.

zumo de apio, jengibre y piña

para **200 ml**

125 g de **apio**
125 g de **piña**
un trozo de 2,5 cm de **raíz**
  de jengibre fresca
hielo picado

Quite las puntas al apio y córtelo en trozos de 5 cm de largo. Retire la piel y el corazón de la piña y córtela en dados. Pele y pique en trozos grandes el jengibre. Licue el apio con la piña y el jengibre.

Pase el zumo a un procesador de alimentos o una batidora y procéselo con un poco de hielo picado. Vierta el zumo en un vaso y sírvalo inmediatamente.

Para preparar zumo de piña y pomelo rosa, no incluya el apio y el jengibre, doble la cantidad de piña y licuela con la pulpa y la piel de un pomelo rosa. Llene hasta arriba con agua sin gas.

zumo de piña y alfalfa

para **250 ml**

150 g de **piña**
150 g de **brotes de alfalfa**,
  y algunos más para decorar
2-3 **cubitos de hielo**
50 ml de **agua sin gas**

Pele y retire el corazón de la piña, corte la pulpa
en dados y licuela.

Pase el zumo de piña a un procesador de alimentos
o una batidora, añada los brotes de alfalfa, los cubitos de
hielo y el agua sin gas, procéselo durante unos segundos.

Vierta el zumo en un vaso, eche los brotes de alfalfa
adicionales por encima y sírvalo inmediatamente.

Para preparar zumo de piña y lechuga, licue 125 g
de piña con el doble de lechuga. Si prefiere una bebida
con auténtica textura de granizado, procese en la batidora
el zumo resultante con unos cubitos de hielo.

zumo de mora, melón cantalupo y kiwi

para **250 ml**

100 g de **melón cantalupo**
2 **kiwis**
100 g de **moras** frescas
  o congeladas, y algunas
  más para decorar (opcional)
2-3 **cubitos de hielo**

Pele el melón y corte la pulpa en dados. Sin quitar las pieles, corte los kiwis en rodajas uniformes. Licue el melón y los kiwis con las moras.

Pase el zumo a un procesador de alimentos o una batidora y procéselo con una par de cubitos de hielo. Viértalo en un vaso y decórelo con algunas moras, si lo desea.

Para preparar zumo de melón y cereza, pele y corte en trozos más o menos grandes 300 g de melón honeydew. Licue la pulpa del melón con 125 g de cerezas deshuesadas.

zumo de mora, manzana y apionabo

para **200 ml**

100 g de **apionabo**
50 g de **manzana**
100 g de **moras** congeladas,
  y algunas más para decorar
2-3 **cubitos de hielo**

Pele el apionabo y córtelo en dados. Corte en trozos más o menos grandes la manzana y licuela junto con el apionabo.

Pase el zumo a un procesador de alimentos o una batidora, añada las moras y un par de cubitos de hielo y procéselo durante unos segundos.

Vierta el zumo en un vaso, decórelo con las moras adicionales y sírvalo inmediatamente.

Para preparar zumo de mora y piña, licue 150 g tanto de moras como de piña junto con 25 g de manzana. Sírvalo en un vaso alto sobre hielo.

zumo de arándano azul, manzana y jengibre

para **200 ml**

un trozo de 2,5 cm de **raíz
de jengibre fresca**, picada
en trozos grandes, y un poco
más para servir (opcional)
250 g de **arándanos azules**
125 g de **pomelo**
250 g de **manzanas**
cubitos de hielo (opcional)

Pele y pique en trozos grandes el jengibre. Licue los arándanos azules, el pomelo y la manzana con el jengibre.

Vierta el zumo en un vaso sobre hielo, si lo usa; decórelo con unas tajadas finas de jengibre, si lo desea, y sírvalo inmediatamente.

Para preparar zumo de manzana y jengibre, licue 250 g de manzanas con un trozo de 2,5 cm de jengibre. Si lo desea, llene hasta arriba con agua muy fría.

zumo de fresas del verano

para **200 ml**

100 g de **fresas**
200 g de **tomates**
hojas de albahaca
cubitos de hielo

Quite el rabo y las hojas a las fresas. Licue los tomates con las fresas y algunas hojas de albahaca, reservando 1 hoja de albahaca para decorar.

Vierta el zumo en un vaso sobre hielo, decórelo con la hoja de albahaca reservada y sírvalo inmediatamente.

Para preparar zumo de fresas y kiwi, lave y quite el rabo y las hojas a 150 g de fresas y licuelas con 2 kiwis pelados.

zumo de manzana, arándano
y arándano azul

para **300 ml**

3 **manzanas**
150 ml de **zumo de arándano**
  sin endulzar
125 g de **arándanos azules**
  frescos o congelados
1 cucharada de **cáscaras**
  de semillas de psyllium
  en polvo (opcional)
cubitos de hielo (opcional)

Licue las manzanas. Pase el zumo de manzana
a un procesador de alimentos o una batidora, añada
el zumo de arándano, los arándanos azules y las cáscaras
de semillas de psyllium en polvo, si las usa, y procéselo.

Vierta el zumo en un vaso sobre hielo, si lo usa, y sírvalo
inmediatamente.

Para preparar zumo de arándano, manzana y lechuga,
licue media manzana y 125 g de lechuga con 50 g
de arándanos. Sírvalo sobre hielo.

zumo de pera y arándano

para **200 ml**

1 pera grande
100 ml de **zumo de arándano**
cubitos de hielo

Licue la pera. Mezcle el zumo de pera con el zumo
de arándano.

Vierta los zumos combinados en un vaso sobre hielo
y sírvalo inmediatamente.

Para preparar zumo de arándano y pepino, use la misma
cantidad de zumo de arándano y añada el jugo de 1 naranja
y 50 g de pepino.

zumo de naranja y frambuesa

para **500 ml**

2 **naranjas** grandes
175 g de **frambuesas**
250 ml de **agua sin gas**
cubitos de hielo (opcional)

Pele las naranjas y divida la pulpa en gajos. Licue los gajos de naranja con las frambuesas y luego añada el agua sin gas.

Vierta el zumo en 2 vasos altos sobre hielo, si lo usa, y sírvalo inmediatamente.

Para preparar zumo de naranja y albaricoque, licue 300 g de albaricoques frescos con 1 naranja grande. Añada agua al gusto.

zumo de manzana, mango y maracuyá

para **300 ml**

1 mango
2 maracuyás
3 manzanas, preferiblemente
   rojas, y unos trozos para servir
   (opcional)
cubitos de hielo

Pele el mango y quite el hueso. Corte el maracuyá
en dos mitades, saque con una cuchara la pulpa y deseche
las semillas. Licue las manzanas con el mango y el maracuyá.

Vierta el zumo en un vaso alto sobre hielo, decórelo
con trozos de manzana, si lo desea, y sírvalo inmediatamente.

Para preparar zumo de mango y piña, licue un mango
pelado y deshuesado con 125 g de piña y 3 manzanas.
Llene hasta arriba con agua muy fría, si lo desea.

zumo de manzana, albaricoque y melocotón

para **200 ml**

3 **albaricoques**
1 **melocotón**, y unos trozos
 más para servir (opcional)
2 **manzanas**
cubitos de hielo

Parta por la mitad y deshuese los albaricoques y el melocotón. Licue las manzanas con los albaricoques y el melocotón.

Pase el zumo a un procesador de alimentos o una batidora, añada unos cubitos de hielo y procéselo durante 10 segundos.

Vierta el zumo en un vaso, decórelo con unos trozos de melocotón, si lo desea, y sírvalo inmediatamente.

Para preparar zumo de manzana y maracuyá, sustituya el melocotón por 2 maracuyás. Licue el albaricoque, la manzana y el maracuyá y sírvalo sobre hielo.

zumo de pera, kiwi y lima

para **300 ml**

3 **kiwis**, y unas rodajas más
    para servir (opcional)
2 **peras** maduras
½ **lima**
cubitos de hielo (opcional)

Pele los kiwis. Corte los kiwis, las peras y la lima en trozos del mismo tamaño y luego lícuelos.

Vierta el zumo en un vaso alto, añada un par de cubitos de hielo, si los usa; decórelo con rodajas de kiwi, si lo desea, y sírvalo inmediatamente.

Para preparar zumo de uva y kiwi, sustituya las peras y la lima por 300 g de uvas blancas sin pepitas.

zumo de pera, apio y jengibre

para **200 ml**

50 g de **apio**
un trozo de 2,5 cm de **raíz
  de jengibre fresca**
100 g de **pera**
cubitos de hielo

Quite las puntas al apio y córtelo en trozos de 5 cm de largo.
Pele y pique en trozos grandes el jengibre. Licue la pera
con el apio y el jengibre.

Vierta el zumo en un vaso sobre hielo; como alternativa,
procese durante unos segundos el zumo en un procesador
de alimentos o una batidora con 2-3 cubitos de hielo.

Para preparar zumo de pera y melocotón, licue 3 peras
con 2 melocotones para elaborar una bebida espesa
y nutritiva.

zumo de pera, pomelo y apio

para **200 ml**

75 g de **pomelo**
125 g de **lechuga**
75 g de **apio**
50 g de **pera**
cubitos de hielo (opcional)

Pele el pomelo y divídalo en gajos. Separe la lechuga en hojas. Quite las puntas al apio y córtelo en trozos de 5 cm de largo. Corte la pera en cuartos. Licue el pomelo con la lechuga, el apio y la pera.

Vierta el zumo en un vaso sobre hielo, si lo usa, y sírvalo inmediatamente.

Para preparar zumo de pomelo y limón, pele y divida en gajos un pomelo y lícuelo con 5 cm de pepino y medio limón. Llene hasta arriba con agua mineral con gas.

zumo de uva y ciruela

para **300 ml**

unos 300 g de **ciruelas**,
   y unas más para servir
   (opcional)
150 g de **uvas negras**
   sin pepitas
2-3 **cubitos de hielo** picados

Retire los huesos de las ciruelas y luego corte la pulpa
en trozos del mismo tamaño. Lícuelos junto con las uvas.

Vierta el zumo en un vaso alto, añada un par de cubitos
de hielo picados, decórelo con uvas o con trozos de ciruela,
si lo desea, y sírvalo inmediatamente.

Para preparar zumo de ciruela y naranja, sustituya las
uvas por 2 naranjas. Si lo desea, llene hasta arriba con agua
mineral con gas.

zumo de pomelo y naranja

para **200 ml**

½ **pomelo**
1 **naranja** grande
1 **lima**
cubitos de hielo
o **agua mineral con gas**

Pele toda la fruta, dejando un poco de la corteza blanca
en los gajos. Si lo desea, reserve parte de la corteza
de la lima para decorar.

Licue la fruta, después sirva el zumo sobre hielo o,
si prefiere una bebida más larga, dilúyalo con una cantidad
igual de agua mineral con gas. Sirva el zumo decorado
con espirales de corteza de lima, si lo desea.

Para preparar zumo de naranja y zanahoria, pele y divida
en gajos 2 naranjas y licuelas con 125 g de zanahorias.

zumo de albaricoque y piña

para **350 ml**

65 g de **albaricoques secos**
   listos para comer
350 ml de **zumo de piña**
2-3 **cubitos de hielo**

Corte en trozos más o menos grandes los albaricoques secos y póngalos en un cuenco grande. Vierta sobre ellos el zumo de piña, cubra el cuenco y déjelo reposar hasta el día siguiente en la nevera.

Pase los albaricoques y el zumo a un procesador de alimentos o una batidora y procéselos hasta que la mezcla quede espesa y suave.

Vierta el zumo en un vaso alto, añada un par de cubitos de hielo y sírvalo inmediatamente.

Para preparar zumo de albaricoque seco y naranja, sustituya el zumo de piña por la misma cantidad de zumo de naranja; como alternativa puede licuar 2 naranjas con los albaricoques para obtener un sabor realmente fresco.

zumo de ciruela pasa, pera y espinaca

para **200 ml**

25 g de **ciruelas pasas**
listas para comer
250 g de **pera**, y algunos
trozos más para servir
(opcional)
125 g de **espinacas**
cubitos de hielo (opcional)

Deshuese las ciruelas pasas si es necesario. Licue las peras y las espinacas con las ciruelas pasas.

Vierta el zumo en un vaso sobre hielo, si lo usa; decórelo con trozos de pera, si lo desea, y sírvalo inmediatamente.

Para preparar zumo de pera y aguacate, corte en trozos más o menos grandes 375 g de peras y lícuelas con 75 g de aguacates pelados y deshuesados.

zumo espumoso de naranja y maracuyá

para **200 ml**

100 g de **naranja**
1 **maracuyá**
100 ml de **agua mineral
  con gas**
2-3 **cubitos de hielo**

Pele, divida en gajos y licue la naranja. Saque con una cuchara la pulpa del maracuyá y prénsela a través de un colador de té para extraer el zumo.

Mezcle el zumo de naranja con el zumo de maracuyá y el agua con gas. Viértalo en un vaso sobre hielo y sírvalo inmediatamente.

Para preparar zumo efervescente de cereza y arándano, licue 125 g de cerezas deshuesadas y 75 g de arándanos y llene hasta arriba con agua mineral con gas.

zumo de melocotón y jengibre

para **200 ml**

250 g de **melocotón**
un trozo de 2,5 cm de **raíz
    de jengibre fresca**, picada
    en trozos grandes
cubitos de hielo
agua mineral con gas
hojas de menta, para servir

Corte en mitades los melocotones y deshuéselos. Pele
y pique en trozos grandes el jengibre. Licue el melocotón
con el jengibre.

Vierta el zumo en un vaso alto sobre hielo, añada un chorro
de agua mineral con gas y un par de hojas de menta y sírvalo
inmediatamente.

Para preparar zumo efervescente de pomelo, licue 300 g
de pomelo con 350 g de pepino y medio limón. Llene hasta
arriba con agua mineral con gas, añada un poco de menta
picada y remueva.

zumos de verduras

zumo de brócoli, chirivía y manzana

para **200 ml**

50 g de **chirivía**
50 g de **manzana**
150 g de **brócoli**
2-3 **cubitos de hielo**

Pele la chirivía y trocee la pulpa. Corte en cuartos la manzana y corte el brócoli. Licue la chirivía con la manzana y el brócoli.

Pase el zumo a un procesador de alimentos o una batidora y procéselo con los cubitos de hielo para hacer un zumo cremoso.

Vierta el zumo en un vaso y sírvalo inmediatamente.

Para preparar zumo de brócoli, zanahoria y remolacha, corte 250 g de brócoli y licuelo con 175 g de zanahorias y 50 g de remolacha.

zumo de brócoli, espinaca y tomate

para **200 ml**

150 g de **espinacas**
150 g de **brócoli**
2 **tomates**
1 **tallo de apio**, para servir
  (opcional)

Lave la espinaca y corte el brócoli. Licue los tomates
con las verduras, añadiendo el brócoli y las espinacas de
forma alterna, para que las hojas de espinaca no atasquen
la licuadora.

Vierta el zumo en un vaso alto, añada un tallo de apio,
si lo desea, y sírvalo inmediatamente.

Para preparar zumo de espinaca y zanahoria, lave 250 g
de espinacas y licue las hojas con 250 g de zanahorias
y 25 g de perejil. Mézclelo con 1 cucharadita de espirulina,
el suplemento de alga de agua dulce, para un mayor
aporte energético.

zumo de brócoli, espinaca y manzana

para **200 ml**

150 g de **brócoli**
150 g de **espinacas**
2 **manzanas**
2-3 **cubitos de hielo**

Corte el brócoli y lave la espinaca. Licue las manzanas con la espinaca y el brócoli, alternando las espinacas con los otros ingredientes para que las hojas de espinaca no atasquen la licuadora.

Pase el zumo a un procesador de alimentos o una batidora, añada un par de cubitos de hielo y procéselo durante unos segundos.

Vierta el zumo en un vaso y sírvalo inmediatamente.

Para preparar zumo de espinaca, manzana y pimiento, incremente la cantidad de manzana a 250 g y, en lugar de brócoli, licue 100 g de pimiento amarillo. Mézclelo con una pizca de canela molida antes de servirlo.

zumo de brócoli y col rizada

para **200 ml**

100 g de **brócoli**
100 g de **col rizada**
50 g de **apio**
25 g de **perejil**
200 g de **manzana**
cubitos de hielo

Corte el brócoli y la col rizada. Quite las puntas al apio y córtelo en trozos de 5 cm de largo. Licue el perejil y la manzana con el brócoli, la col rizada y el apio.

Vierta el zumo en un vaso sobre hielo y sírvalo inmediatamente.

Para preparar zumo de brócoli, lechuga y apio, corte 150 g de brócoli y licuelo con 100 g de lechuga y la misma cantidad de apio.

zumo de apionabo, alfalfa y naranja

para **200 ml**

100 g de **naranja**, y unas rodajas
  más para servir (opcional)
100 g de **apionabo**
100 g de **brotes de alfalfa**

Pele la naranja y divídala en gajos. Pele el apionabo
y córtelo en trozos. Lave los brotes de alfalfa. Licue
los ingredientes.

Vierta el zumo en un vaso, añada las rodajas de naranja,
si lo desea, y sírvalo inmediatamente.

Para preparar zumo de apio, alfalfa y manzana,
quite las puntas a 3 tallos de apio y córtelos en trozos
de 5 cm de largo. Lícuelos junto con 2 manzanas y
25 g de brotes de alfalfa. Este zumo es delicioso si
se sirve muy frío.

zumo de tomate, pimiento rojo y papaya

para **200 ml**

unos 125 g de **papaya**
unos 100 g de **pimiento rojo**
1 **tomate** grande
2-3 **cubitos de hielo**

Pele y quite las semillas a la papaya. Quite el corazón y las semillas al pimiento. Licue el tomate con la papaya y el pimiento.

Pase el zumo a un procesador de alimentos o una batidora, añada un par de cubitos de hielo y procéselo.

Vierta el zumo en un vaso y sírvalo inmediatamente.

Para preparar zumo de pimiento y naranja, quite el corazón y las semillas a 100 g de cada pimiento –rojo, amarillo y naranja– y licue la pulpa de pimiento con 1 naranja. Sirva el zumo con un poco de menta picada por encima.

zumo de tomate, zanahoria y jengibre

para **150 ml**

un trozo de 2,5 cm de **raíz de jengibre fresca**
100 g de **apio**, y un poco más para servir (opcional)
300 g de **tomates**
175 g de **zanahoria**
1 **diente de ajo**
un trozo de 2,5 cm de **rábano picante**
2-3 **cubitos de hielo**

Pele y pique en trozos grandes el jengibre. Quite las puntas al apio y córtelo en trozos de 5 cm de largo. Licue los tomates, la zanahoria, el ajo y el rábano picante con el jengibre y el apio.

Pase el zumo a un procesador de alimentos o una batidora, añada un par de cubitos de hielo y procéselo durante unos segundos.

Vierta el zumo en un vaso pequeño, adórnelo con rodajas finas de apio, si lo desea, y sírvalo inmediatamente.

Para preparar zumo de zanahoria y pomelo rosa, pele y divida en gajos un pomelo rosa, dejando parte de la corteza blanca, licuelo con 2 zanahorias y 2 manzanas. Llene hasta arriba con agua mineral y sírvalo.

zumo de tomate, pimiento rojo y col

para **200 ml**

175 g de **pimiento rojo**
175 g de **tomates**
100 g de **col blanca**
1 cucharada de **perejil** picado
cuña de lima, para decorar
   (opcional)

Pele y quite las semillas al pimiento. Licue los tomates y la col con el pimiento.

Vierta el zumo en un vaso alto, mézclelo con el perejil, decórelo con una cuña de lima, si lo desea, y sírvalo inmediatamente.

Para preparar zumo de tomate, pimiento rojo y apio, quite las puntas a 4 tallos de apio y córtelos en trozos de 5 cm de largo. Licue el apio con 3 tomates maduros y medio pimiento rojo. Añada un diente de ajo machacado y chile rojo picado, al gusto.

zumo de tomate, limón y perejil

para **300 ml**

2 **tallos de apio**, más unas
   hojas para servir (opcional)
4 **tomates**
un manojo grande de **perejil**
corteza y jugo de ½ **limón**
cubitos de hielo

Quite las puntas a los tallos de apio y córtelos en trozos de 5 cm de largo. Licue los tomates y el perejil con el apio, el jugo y la corteza del limón.

Vierta el zumo en un vaso alto sobre hielo, añada las hojas de apio, si las usa, y sírvalo inmediatamente.

Para preparar zumo de tomate y apio, sustituya el jugo y la corteza de limón y el perejil por salsa Tabasco, sal de apio y pimienta negra, al gusto.

zumo de tomate, manzana y albahaca

para **200 ml**

1 **tallo de apio**
4 **tomates** grandes
1 **manzana**
cubitos de hielo
4 **hojas de albahaca**,
   picadas muy finamente
1 ½ cucharadas de **jugo
   de lima**
más **hojas de albahaca**,
   para servir (opcional)

Quite las puntas a los tallos de apio y córtelos en trozos de 5 cm de largo. Licue los tomates y la manzana con el apio.

Vierta el zumo en un vaso sobre hielo, mézclelo con las hojas de albahaca y el jugo de lima, corte en tiras y añada las hojas de albahaca adicionales, si lo desea, y sírvalo inmediatamente.

Para preparar zumo de tomate, coliflor y zanahoria, corte 100 g de coliflor y licuela con 1 tomate grande y 200 g de zanahoria.

zumo de apio y apionabo

para **250 ml**

100 g de **apio**
150 g de **apionabo**
100 g de **lechuga**
100 g de **espinacas**
2-3 **cubitos de hielo**

Quite las puntas a los tallos de apio y córtelos en trozos de 5 cm de largo. Pele el apionabo y corte la pulpa en dados. Separe la lechuga en hojas. Licue el apio, el apionabo, la lechuga y las espinacas, alternando los ingredientes para que las hojas de lechuga y de espinaca no atasquen la licuadora.

Pase el zumo a un procesador de alimentos o una batidora, añada un par de cubitos de hielo y procéselo durante unos segundos.

Vierta el zumo en un vaso alto y sírvalo inmediatamente.

Para preparar zumo de zanahoria, apio y apionabo, pele 125 g de apionabo y quite las puntas y corte 4 tallos de apio en trozos de 5 cm de largo. Licue el apionabo y el apio con 1 zanahoria.

zumo de zanahoria, remolacha y boniato

para **200 ml**

175 g de **boniato** o **ñame**
100 g de **remolacha**
175 g de **zanahoria**
125 g de **hinojo**
cubitos de hielo
frondas de hinojo, para decorar
   (opcional)

Pele el boniato o ñame y lave con un cepillo la remolacha. Licue la zanahoria y el hinojo con el boniato y la remolacha.

Vierta el zumo en un vaso sobre hielo, decórelo con frondas de hinojo, si lo desea, y sírvalo inmediatamente.

Para preparar zumo de zanahoria, remolacha y naranja, sustituya el boniato y el hinojo por 125 g de fresas y 1 naranja. Este zumo colorido es una inyección de energía instantánea.

zumo de zanahoria, col y manzana

para **200 ml**

175 g de **zanahoria**
250 g de **manzana**
125 g de **col lombarda**
rodajas de naranja,
   para decorar
cubitos de hielo

Corte la zanahoria y la manzana en trozos más o menos grandes y lícuelos con la col.

Vierta el zumo en un vaso sobre hielo, decórelo con una rodaja de naranja y sírvalo inmediatamente.

Para preparar zumo de zanahoria, espinaca y pomelo rosa, licue 125 g tanto de zanahoria, como de espinaca y de pomelo rosa. Este zumo tiene un sabor astringente agradable.

zumo de zanahoria, hinojo y jengibre

para **200 ml**

un trozo de 2,5 cm de **raíz de jengibre fresca**
75 g de **apio**
300 g de **zanahoria**
50 g de **hinojo**, y un poco más para servir (opcional)
1 cucharada de **espirulina** (opcional)
cubitos de hielo (opcional)
frondas de hinojo, para decorar (opcional)

Pele y pique en trozos grandes el jengibre. Quite las puntas al apio y córtelos en trozos de 5 cm de largo. Licue las zanahorias, el hinojo y la espirulina, si la usa, con el jengibre y el apio.

Vierta el zumo en un vaso sobre hielo, si lo usa; decórelo con tiras de hinojo y frondas de hinojo, si lo desea, y sírvalo inmediatamente.

Para preparar zumo de zanahoria, manzana y jengibre, pele y pique en trozos grandes un dado de 1 cm de raíz de jengibre fresca y lícuela con 2 zanahorias y 1 manzana ácida, como por ejemplo una Granny Smith.

zumo de zanahoria y lechuga

para **200 ml**

100 g de **zanahoria**
200 g de **lechuga**
cubitos de hielo
hojas de cilantro picadas,
    para decorar

Trocee las zanahorias y separe las hojas de lechuga.
Licue la zanahoria con la lechuga, teniendo cuidado
para que las hojas de lechuga no atasquen la licuadora.

Vierta el zumo en un vaso sobre hielo, decórelo con
el cilantro picado y sírvalo inmediatamente.

Para preparar zumo de zanahoria y hojas verdes,
añada 90 g de apio, 100 g de espinacas y 25 g de perejil
a la zanahoria y la lechuga.

zumo de zanahoria y kiwi

para **250 ml**

unos 200 g de **zanahoria**
1 **kiwi**, y un poco más para servir
  (opcional)
cubitos de hielo (opcional)

Corte las zanahorias y el kiwi en trozos del mismo tamaño y licúelos juntos.

Vierta el zumo en un vaso sobre hielo, si lo usa; decórelo con rodajas de kiwi, si lo desea, y sírvalo inmediatamente.

Para preparar zumo de pepino y kiwi, no incluya las zanahorias y en su lugar licue 1 ½ pepinos con el kiwi. Sírvalo con unas gotas de limón.

zumo de zanahoria, chirivía y boniato

para **200 ml**

175 g de **apio**
175 g de **zanahoria**
175 g de **chirivía**
175 g de **boniato**
un manojo de **perejil**,
   y un poco más para servir
   (opcional)
1 **diente de ajo**
2-3 **cubitos de hielo**
1 **cuña de limón**

Quite las puntas al apio y córtelo en trozos de 5 cm de largo. Licue la zanahoria, la chirivía, el boniato, el perejil y el ajo con el apio.

Pase el zumo a un procesador de alimentos o una batidora y procéselo con un par de cubitos de hielo.

Vierta el zumo en un vaso, decórelo con una cuña de limón y una ramita de perejil, si lo desea, y sírvalo inmediatamente.

Para preparar zumo de zanahoria, chirivía y melón, que es especialmente rico en ácido fólico, licue 125 g tanto de zanahoria como de chirivía, de lechuga y de melón cantalupo.

zumo de zanahoria, rábano y pepino

para **200 ml**

100 g de **patata**
100 g de **rábano**, y un poco más
  para servir (opcional)
100 g de **zanahoria**
100 g de **pepino**
cubitos de hielo

Licue la patata, el rábano, la zanahoria y el pepino.

Pase el zumo a un procesador de alimentos o una batidora, añada un par de cubitos de hielo, si lo desea, y procéselo durante unos segundos.

Vierta el zumo en un vaso alto sobre hielo, decórelo con rodajas de rábano, si lo desea, y sírvalo inmediatamente.

Para preparar zumo de zanahoria, rábano y jengibre, no incluya la patata y el pepino y añada 2,5 cm de raíz de jengibre fresca, pelada y picada en trozos grandes. Éste es un buen zumo si tiene un catarro o una sinusitis.

zumo de zanahoria, chile rojo y piña

para **200 ml**

½ **chile rojo** pequeño
250 g de **piña**
250 g de **zanahoria**
cubitos de hielo
jugo de ½ **lima**
1 cucharada de **hojas
  de cilantro** picadas

Quite las semillas al chile rojo. Retire el corazón y la piel a la piña. Licue las zanahorias con el chile rojo y la piña.

Vierta el zumo en un vaso sobre hielo. Rocíe por encima el jugo de lima, mézclelo con el cilantro picado y sírvalo inmediatamente.

Para preparar zumo de tomate, apio y jengibre, quite las puntas a 100 g de apio y pique en trozos grandes 2,5 cm tanto de raíz de jengibre fresca como de rábano picante fresco. Licue el apio, el jengibre y el rábano picante con 300 g de tomates, 175 g de zanahorias y un diente de ajo. Sírvalo sobre hielo, decorado con rodajas finas de apio, si lo desea.

zumo de zanahoria, achicoria y apio

para **200 ml**

175 g de **zanahoria**
125 g de **apio**
125 g de **achicoria**
2-3 **cubitos de hielo**
rodajas de limón, para servir
perejil picado, para servir
   (opcional)

Lave con un cepillo las zanahorias. Quite las puntas al apio y córtelo en trozos de 5 cm de largo. Licue la achicoria con la zanahoria y el apio.

Pase el zumo a un procesador de alimentos o una batidora, añada un par de cubitos de hielo y procéselo durante unos segundos.

Vierta el zumo en un vaso, decórelo con rodajas de limón y un poco de perejil picado, si lo desea, y sírvalo inmediatamente.

Para preparar zumo de zanahoria y col, licue 250 g tanto de zanahoria como de col y sírvalo sobre hielo. Este zumo rápido calma los malestares estomacales.

zumo de chirivía, pimiento verde y berros

para **200 ml**

175 g de **pimiento verde**
100 g de **berros**
175 g de **pepino**
175 g de **chirivía**
cubitos de hielo
menta picada, para decorar

Quite el corazón y las semillas al pimiento. Licue los berros y el pepino con la chirivía y los pimientos.

Vierta el zumo en un vaso alto sobre hielo, decórelo con una pizca de menta picada y sírvalo inmediatamente.

Para preparar zumo de berros y pera, licue 40 g de berros con 3 peras maduras. Este sencillo zumo es muy nutritivo.

zumo de siete verduras

para **200 ml**

50 g de **pimiento verde**
50 g de **apio**
90 g de **zanahoria**
25 g de **espinaca**
25 g de **cebolla**
90 g de **pepino**
50 g de **tomates**, y unos trozos
   más para servir (opcional)
sal marina y pimienta

Quite el corazón y las semillas al pimiento. Quite las puntas al apio y córtelo en trozos de 5 cm de largo. Licue la zanahoria, la espinaca, la cebolla, el pepino y el tomate con el pimiento y el apio, teniendo cuidado para que las hojas de espinaca no atasquen la licuadora.

Vierta el zumo en un vaso y sazónelo con sal de mar y pimienta negra. Decórelo con cuartos de tomate, si lo desea, y sírvalo inmediatamente.

Para preparar zumo de pimiento amarillo, espinaca y manzana, quite el corazón y las semillas a 100 g de pimiento amarillo y licue la pulpa con 125 g de espinacas y 250 g de manzana.

zumo de berza, manzana y canela

para **200 ml**

200 g de **berza**
50 g de **manzana**
2-3 **cubitos de hielo**
canela molida, también
    para decorar

Separe la berza en hojas y corte la manzana en trozos.
Licue la berza con la manzana.

Pase el zumo a un procesador de alimentos o una batidora,
añada un par de cubitos de hielo y una pizca de canela
y procéselo durante unos segundos.

Vierta el zumo en un vaso, espolvoréelo con canela
para decorar y sírvalo inmediatamente.

Para preparar zumo de col lombarda, uva y naranja,
licue 125 g de col lombarda con media naranja y un puñado
de uvas negras sin pepitas para elaborar una bebida colorida
y sólo ligeramente dulce.

zumo de col y pera

para **200 ml**

125 g de **col**
50 g de **apio**
25 g de **berros**
250 g de **pera**
cubitos de hielo (opcional)
1 **tallo de apio**, para servir
   (opcional)

Corte en trozos más o menos grandes la col. Quite las puntas al apio y córtelo en trozos de 5 cm de largo. Licue los berros con las peras, la col y el apio.

Vierta el zumo en un vaso alto sobre hielo, si lo usa, y sírvalo inmediatamente con un palito de apio, si lo desea.

Para preparar zumo de hinojo, apio y pomelo, licue 100 g tanto de apio como de hinojo con ½ pomelo. Sírvalo con hielo.

zumo de espinaca, apio y pepino

para **200 ml**

50 g de **pimiento verde**
50 g de **apio**
25 g de **espinaca**
100 g de **pepino**
100 g de **tomates**, y unos trozos
   más para servir (opcional)
sal y pimienta
cubitos de hielo (opcional)

Quite el corazón y las semillas al pimiento. Quite
las puntas al apio y córtelo en trozos de 5 cm de largo.
Licue las espinacas, el pepino y los tomates con el pimiento
y el apio. Salpimiente el zumo al gusto.

Vierta el zumo en un vaso sobre hielo, si lo usa, decórelo
con cuartos de tomate, si lo desea, y sírvalo inmediatamente.

Para preparar zumo de col rizada y espirulina, licue
25 g de col rizada con 100 g de grama. Mézclelo con
1 cucharadita de espirulina antes de servirlo. Este zumo
de sabor poco corriente ofrece excelentes ventajas para
la salud.

zumo de lechuga, uva y jengibre

para **200 ml**

un trozo de 2,5 cm de **raíz
   de jengibre fresca**, picada
200 g de **uvas blancas**
   sin pepitas, y unas más
   para decorar (opcional)
200 g de **lechuga**
cubitos de hielo (opcional)

Pele y pique en trozos grandes el jengibre. Licue las uvas
y la lechuga con el jengibre, alternando los ingredientes
para que las hojas de lechuga no atasquen la licuadora.

Vierta el zumo en un vaso, decórelo con unas uvas,
si lo desea, y sírvalo inmediatamente. Como alternativa,
para una bebida más cremosa, pase el zumo a un procesador
de alimentos o una batidora, añada un par de cubitos de
hielo y procéselo durante unos segundos.

Para preparar zumo de lechuga y manzana, licue 175 g
de lechuga romana con 1 manzana grande, teniendo cuidado
para que las hojas de lechuga no atasquen la licuadora.

zumo de hinojo y manzanilla

para **200 ml**

1 **limón**, y unas rodajas más
 para servir (opcional)
150 g de **hinojo**
100 ml de **infusión**
 de manzanilla fría
cubitos de hielo

Pele el limón y lícuelo con el hinojo. Mezcle el zumo
con la infusión de manzanilla.

Vierta el zumo en un vaso sobre hielo y sírvalo con rodajas
de limón, si lo desea.

Para preparar zumo de hinojo y lechuga, licue 125 g de
hinojo y 175 g de lechuga con medio limón. Sírvalo con hielo
y con una rodaja de limón.

zumo de lechuga y kiwi

para **200 ml**

100 g de **kiwi**, y unas rodajas
   más para servir (opcional)
200 g de **lechuga**
cubitos de hielo (opcional)

Pele el kiwi y corte la pulpa en trozos más o menos grandes. Separe la lechuga en hojas. Licue el kiwi y la lechuga, alternando los ingredientes para que las hojas de lechuga no atasquen la licuadora.

Vierta el zumo en un vaso sobre hielo, si lo usa; decórelo con rodajas de kiwi, si lo desea, y sírvalo inmediatamente.

Para preparar zumo de lechuga y manzanilla, licue medio limón con 200 g de lechuga. Mezcle el jugo con 100 ml de infusión de manzanilla fría y sírvalo con un par de cubitos de hielo y una rodaja de limón.

zumo de cebolla morada y remolacha

para **200 ml**

125 g de **berros**
125 g de **cebolla morada**
1 **diente de ajo**
250 g de **zanahoria**
125 g de **remolacha**, y unas
hojas para servir (opcional)

Licue los berros, la cebolla y el ajo con la zanahoria
y la remolacha.

Vierta el zumo en un vaso, decórelo con hojas de remolacha,
si lo desea, y sírvalo inmediatamente.

Para preparar zumo de zanahoria y remolacha, pele
y pique en trozos grandes un dado de 1 cm de raíz de
jengibre fresca y licue el jengibre con 10 zanahorias
grandes y 4 remolachas grandes. Sírvalo sobre hielo.

zumo de pataca, apio y apionabo

para **200 ml**

100 g de **apionabo**
100 g de **patacas**
100 g de **apio**
un manojo pequeño de **menta**
2-3 **cubitos de hielo**

Pele el apionabo y corte la pulpa en palos. Lícuelos con las patacas, el apio y la menta, alternando las hojas de menta con los otros ingredientes para asegurarse de que las hojas no atasquen la licuadora.

Pase el zumo a un procesador de alimentos o una batidora, añada un par de cubitos de hielo y procéselo durante unos segundos.

Vierta el zumo en un vaso y sírvalo inmediatamente.

Para preparar zumo de pataca y zanahoria, licue 100 g tanto de patacas como de zanahorias, de lechuga, de coles de Bruselas y de judías verdes con medio limón.

smoothies
saludables

smoothie de pepino, limón y menta

para **300 ml**

250 g de **pepino**, y un poco
 más para servir (opcional)
½ **limón**
3-4 **hojas de menta** fresca
2-3 **cubitos de hielo**

Pele y corte en trozos más o menos grandes el pepino.
Exprima el limón.

Ponga el pepino y el limón en un procesador de alimentos
o una batidora con las hojas de menta y los cubitos
de hielo y procese durante unos segundos.

Vierta el *smoothie* en un vaso alto, decórelo con una tira
de pepino, si lo desea, y sírvalo inmediatamente.

Para preparar preparar granizado de pomelo y pepino,
corte 1 pepino y licuelo con 150 ml de zumo de pomelo
y un puñado de cubitos de hielo. Procese los ingredientes
para hacer un granizado muy frío.

lassi de pepino

para **400 ml**

150 g de **pepino**
150 g de **yogur natural** vivo
100 ml de **agua sin gas**
   muy fría
½ cucharadita de **comino**
   molido
un chorrito de **jugo de limón**

Pele y corte en trozos más o menos grandes el pepino. Colóquelos en un procesador de alimentos o una batidora y añada el yogur y el agua helada.

Separe las hojas de menta de los tallos, reservando algunas para decorar. Pique el resto en trozos grandes y póngalos en el procesador de alimentos. Añada el comino y el jugo de limón y procese durante unos segundos.

Vierta el *smoothie* en un vaso alto, decórelo con hojas de menta, si lo desea, y sírvalo inmediatamente.

Para preparar *lassi* **de mango**, corte en dados la pulpa de un mango y échelos a un procesador de alimentos o una batidora con 150 ml de yogur natural vivo y la misma cantidad de agua sin gas muy fría, 1 cucharada de agua de rosas y ¼ de cucharadita de cardamomo molido. Procéselo durante unos segundos y sírvalo.

smoothie de arándano y yogur

para **300 ml**

100 g de **arándanos**
50 g de **yogur griego**
100 ml de **leche de soja**
2-3 **cubitos de hielo**
edulcorante artificial,
   al gusto

Coloque los arándanos en un procesador de alimentos
o una batidora, añada el yogur, la leche de soja y los cubitos
de hielo y procéselo.

Pruébelo y añada edulcorante artificial si es necesario.
Vuelva a procesar.

Vierta el *smoothie* en un vaso grande y sírvalo inmediatamente.

Para preparar batido de frambuesas, ponga 150 ml
de leche de soja y 100 g de frambuesas congeladas
en un procesador de alimentos o una batidora y procéselo
hasta que no tenga grumos.

smoothie de arándano y manzana

para **200 ml**

250 g de **manzana**
100 g de **arándanos**
  congelados
100 g de **yogur natural** vivo
1 cucharada de **miel clara**
cubitos de hielo (opcional)

Licue las manzanas.

Pase el zumo a un procesador de alimentos o una batidora, añada los arándanos, el yogur y la miel y procéselo durante unos segundos.

Vierta el *smoothie* en un vaso sobre hielo, si lo usa, y sírvalo inmediatamente.

Para preparar *smoothie* de uva y mora, licue juntos 125 g de moras, 300 ml de mosto de uvas negras y 3 cucharadas de yogur natural vivo.

frapé de mandarina y lichi

para **150 ml**

100 g de **mandarinas**,
  enlatadas en su jugo
50 g de **lichis**, enlatados
  en su jugo
cubitos de hielo

Coloque las mandarinas, los lichis y los jugos de las latas
en un procesador de alimentos o una batidora, añada
los cubitos de hielo y procéselo durante unos segundos.

Vierta el frapé en un vaso y sírvalo inmediatamente.

Para preparar un *smoothie* rubí, ponga 2 naranjas
y 1 manzana en un procesador de alimentos o una batidora
con 150 g tanto de frambuesas como de fresas. Añada
150 ml de yogur natural vivo y procéselo durante unos
segundos.

súper-*smoothie* de naranja

para **200 ml**

1 **zanahoria** grande
1 **naranja**
100 g de **plátano**
1 **albaricoque** fresco o seco
2-3 **cubitos de hielo**

Licue la zanahoria y la naranja juntas.

Pase el zumo a un procesador de alimentos o una batidora, añada el plátano, el albaricoque y un par de cubitos de hielo y procéselo durante unos segundos.

Vierta el *smoothie* en un vaso y sírvalo inmediatamente.

Para preparar *smoothie* de naranja y plátano, que constituye un estupendo desayuno o almuerzo, coloque 1 plátano, 150 ml de zumo de naranja natural y 25 g de pipas de girasol en un procesador de alimentos o una batidora y procéselos.

smoothie de naranja, mango y fresa

para **400 ml**

125 g de **fresas**
1 **mango** maduro pequeño
300 ml de **zumo de naranja**
rodajas de naranja,
   para decorar (opcional)

Quite el rabo y las hojas a las fresas, colóquelas en un recipiente para el congelador y congélelas durante 2 horas o hasta el día siguiente.

Pele el mango, deshuéselo, corte la pulpa en trozos más o menos grandes y póngalos en un procesador de alimentos o una batidora con las fresas y el zumo de naranja y procese hasta obtener un líquido espeso.

Vierta el *smoothie* en un vaso alto, decórelo con rodajas de naranja, si lo desea, y sírvalo inmediatamente.

Para preparar *smoothie* de naranja y plátano, licue un plátano maduro con las fresas y el zumo de naranja. Sírvalo decorado con rodajas de naranja, si lo desea.

smoothie de plátano y manteca de cacahuete

para **400 ml**

1 **plátano** maduro
300 ml de **leche**
  semidesnatada
1 cucharada de **manteca**
  de cacahuete lisa
  o 2 cucharaditas
  de **pasta de tahini**

Pele y trocee el plátano, colóquelo en un recipiente para congelador y congélelo durante 2 horas o hasta el día siguiente.

Ponga el plátano, la leche, la manteca de cacahuete o pasta de tahini en un procesador de alimentos o una batidora y procese hasta que no queden grumos.

Vierta el *smoothie* en un vaso alto y sírvalo inmediatamente.

Para preparar *smoothie* de plátano y almendra, ponga 2 plátanos congelados, 450 ml de leche de soja, 40 g de almendras molidas y una pizca de canela en un procesador de alimentos o una batidora y procese durante unos segundos.

smoothie de plátano, naranja y mango

para **500 ml**

1 **plátano** maduro
1 **mango** maduro
200 ml de **zumo de naranja**
200 ml de **leche
 semidesnatada**
3 cucharadas de ***fromage frais***
cubitos de hielo (opcional)

Pele y trocee el plátano. Pele el mango, deshuéselo, corte la pulpa en trozos del mismo tamaño.

Ponga el plátano y el mango en un procesador de alimentos o una batidora, añada el zumo de naranja, la leche y el *fromage frais* y procese hasta que no queden grumos.

Vierta el *smoothie* en 2 vasos sobre hielo, si lo usa, y sírvalo inmediatamente.

Para preparar *smoothie* de plátano y aguacate, procese 1 plátano maduro pequeño con 1 aguacate maduro pequeño y 250 ml de leche desnatada.

smoothie de plátano e higo

para **200 ml**

un trozo de 2,5 cm de **raíz
de jengibre fresca**
100 g de **higo**, y unas rodajas
más para servir (opcional)
1 **naranja**
250 g de **zanahoria**
100 g de **plátano**
cubitos de hielo

Pele y pique en trozos grandes el jengibre. Licue el higo
y la naranja con la zanahoria y el jengibre.

Pase el zumo a un procesador de alimentos o una batidora,
añada el plátano y algunos cubitos de hielo y procéselo
hasta que no queden grumos.

Vierta la bebida en un vaso, añada más cubitos
de hielo, decórela con rodajas de higo, si lo desea,
y sírvala inmediatamente.

Para preparar *smoothie* de plátano y papaya, ponga
la pulpa de una papaya en un procesador de alimentos
o una batidora con un plátano, el jugo de 1 naranja,
300 ml de zumo de manzana y algo de hielo. Procéselo
hasta que no queden grumos.

smoothie de ciruela pasa, manzana y canela

para **400 ml**

65 g de **ciruelas pasas**
   listas para comer
1 pizca de **canela molida**,
   y un poco más para servir
350 ml de **zumo de manzana**
3 cucharadas de **yogur griego**
cubitos de hielo

Corte las ciruelas pasas en trozos más o menos grandes.
Ponga las ciruelas pasas y la canela en un cuenco
grande, vierta por encima el zumo de manzana, cubra
el cuenco y déjelo reposar hasta el día siguiente.

Ponga las ciruelas pasas, el zumo de manzana y el yogur
en un procesador de alimentos o una batidora y procese
hasta que no queden grumos.

Vierta el *smoothie* en un vaso grande sobre cubitos de hielo,
espolvoréelo con más canela y bébalo inmediatamente.

Para preparar *smoothie* de manzana y aguacate,
procese la pulpa de un aguacate maduro, pequeño,
con 100 ml de zumo de manzana.

smoothie de manzana, plátano y germen de trigo

para **1 l**

2 cucharadas de **germen de trigo**
1 cucharada de **semillas de sésamo**
2 **plátanos**
75 g de **piña**
450 ml de **zumo de manzana**
300 ml de **yogur natural vivo**

Reparta el germen de trigo y las semillas de sésamo sobre una bandeja de horno y tuéstelas suavemente bajo el grill precalentado, removiendo un par de veces hasta que las semillas de sésamo comiencen a dorarse. Retírelas del grill y déjelas enfriar.

Pele y trocee los plátanos. Retire la piel y el corazón a la piña y corte la pulpa. Ponga el plátano y la piña en un procesador de alimentos o una batidora y procese hasta obtener un puré ligeramente grumoso.

Añada el zumo de manzana y procese de nuevo hasta obtener un zumo sin grumos. Añada el yogur, el germen de trigo y las semillas de sésamo enfriadas. Procéselo otra vez.

Vierta el *smoothie* en una jarra y sírvalo inmediatamente en vasos.

Para preparar *smoothie* de manzana y avena, procese una manzana y un plátano con 150 g de yogur natural vivo, 200 ml de leche desnatada, unas gotas de extracto de vainilla, 2 cucharaditas de miel clara y 2 cucharadas de muesli en un procesador de alimentos o una batidora.

smoothie de bayas del verano

para **400 ml**

150 g de **bayas del verano
   mixtas** congeladas,
   y algunas más para servir
   (opcional)
300 ml de **leche de soja
   con sabor a vainilla**
1 cucharadita de **miel clara**
   (opcional)

Ponga las bayas, la leche de soja y la miel, si la usa,
en un procesador de alimentos o una batidora y procese
hasta obtener una mezcla espesa.

Vierta el *smoothie* en 2 vasos cortos, decórelo con bayas,
si lo desea, y sírvalo inmediatamente.

Para preparar *smoothie* de arándano azul y uva, licue
juntos 125 g de arándanos azules congelados, 250 g
de uvas negras y 3 cucharadas de *fromage frais*.

smoothie de arándano azul y menta

para **250 ml**

100 g de **arándanos**
    azules congelados
150 ml de **leche de soja**
un manojo pequeño de **menta**

Ponga los arándanos azules en un procesador de alimentos o una batidora y vierta encima la leche de soja. Arranque las hojas de menta de los tallos, reservando una o dos ramitas para decorar, y añada el resto a la batidora. Procese durante unos segundos.

Vierta el *smoothie* en un vaso, decórelo con las ramitas de menta reservadas y sírvalo inmediatamente.

Para preparar *smoothie* de arándano azul y manzana, procese 250 g de manzanas con 125 g de arándanos azules en un procesador de alimentos o una batidora hasta que no queden grumos.

smoothie de remolacha y bayas

50 g de **remolacha**
100 g de **arándanos azules**,
   y unos más para servir
   (opcional)
100 g de **frambuesas**
2-3 **cubitos de hielo**

Licue la remolacha.

Vierta el zumo de remolacha en un procesador de alimentos
o una batidora, añada los arándanos azules, las frambuesas
y los cubitos de hielo y procéselo hasta que no queden grumos.

Vierta la mezcla en un vaso, decórela con arándanos azules,
si lo desea, y sírvala inmediatamente.

Para preparar *smoothie* **de arándano azul y pomelo**,
licue 125 g de pomelo con 250 g de manzanas. Pase
el zumo a un procesador de alimentos o una batidora
con 125 g de arándanos azules y un trozo de 2,5 cm de
raíz de jengibre fresca y procéselo hasta que no queden
grumos.

smoothie de frambuesa, kiwi y pomelo

para **200 ml**

150 g de **pomelo**
175 g de **piña**
50 g de **kiwi**
50 g de **frambuesas**
   congeladas, y unas más
   para decorar (opcional)
50 g de **arándanos** congelados

Pele y divida en gajos el pomelo. Retire la piel y el corazón a la piña. Licue el kiwi con el pomelo y la piña.

Pase el zumo a un procesador de alimentos o una batidora, añada los frutos rojos congelados y procéselo hasta que no queden grumos.

Vierta el *smoothie* en un vaso, decórelo con frambuesas, si lo desea, y sírvalo con una pajita.

Para preparar *smoothie* de fresa y piña, procese 150 g de fresas congeladas con 150 ml de zumo de piña y 150 g de yogur de fresa.

lassi de fresa

para **1,5 l**

400 g de **fresas**
750 ml de **agua muy fría**
300 ml de **yogur natural vivo
desnatado**
25 g de **azúcar extrafino
dorado**
unas gotas de **agua de rosas**
pimienta negra molida gruesa,
para servir

Quite el rabo y las hojas a las fresas y córtelas en trozos
más o menos grandes. Coloque las fresas en un procesador
de alimentos o una batidora con la mitad del agua
y procese hasta que no queden grumos.

Añada el yogur, el azúcar, el agua de rosas y el agua restante
y procese otra vez hasta que quede liso y espumoso.

Vierta el *smoothie* en vasos enfriados, espolvoree por encima
la pimienta negra y sírvalo inmediatamente.

Para preparar *lassi* de plátano, procese 2 plátanos maduros
pequeños con 300 ml de yogur natural vivo, 125 ml de agua
muy fría y una pizca de cardamomo molido en un procesador
de alimentos o una batidora.

smoothie de mango, piña y lima

para **400 ml**

1 **mango** maduro
300 ml de **zumo de piña**
corteza y jugo de ½ **lima**
cuñas de lima, para servir
   (opcional)

Pele el mango, deshuéselo, corte la pulpa en trozos más o menos grandes y colóquelos en un recipiente para congelador. Congélelos durante al menos 2 horas o hasta el día siguiente.

Ponga el mango congelado en un procesador de alimentos o una batidora, añada el zumo de piña y la corteza de lima y licue y procese hasta que quede espeso.

Vierta el *smoothie* en 2 vasos cortos, decórelo con cuñas de lima, si lo desea, y sírvalo inmediatamente.

Para preparar *smoothie* de albaricoque y piña, ponga en remojo hasta el día siguiente 65 g de albaricoques secos en 350 ml de zumo de piña. Procese la mezcla en un procesador de alimentos o una batidora con un poco de hielo hasta que no queden grumos.

sorbete de mango y menta

para **1,5 l**

3 **mangos** maduros
4 cucharadas de **jugo de limón**
1 cucharada de **azúcar extrafino**
12 **hojas de menta**, picada
   muy finamente
900 ml de **agua** muy fría
cubitos de hielo

Pele y deshuese los mangos y corte la pulpa en trozos más o menos grandes. Póngalos en un procesador de alimentos o una batidora con el jugo de limón, el azúcar, las hojas de menta y el agua y procese hasta que no queden grumos.

Vierta el *smoothie* en vasos altos sobre hielo y sírvalo inmediatamente.

Para preparar *smoothie* de mango y grosella negra, procese la pulpa de 3 mangos con 100 ml de zumo de manzana y 200 g de grosellas negras.

lassi de mango, coco y lima

para **600 ml**

1 **mango** maduro grande
jugo de 1 **naranja**
jugo de 1 **lima**
1 cucharada de **miel clara**
300 g de **yogur natural**
4 cucharadas de **leche de coco**
rodajas de naranja,
    para decorar (opcional)
cubitos de hielo (opcional)

Pele el mango, deshuéselo y corte la pulpa en dados. Ponga el mango en un procesador de alimentos o una batidora con los jugos de naranja y lima, la miel, el yogur y la leche de coco. Procese hasta que no queden grumos.

Pase la mezcla a una jarra y luego viértala en vasos altos sobre hielo, si lo usa; decórela con rodajas de naranja, si lo desea, y sírvala inmediatamente.

Para preparar *smoothie* **de piña y coco**, procese 100 g de pulpa de piña con 100 ml de leche de coco y 100 ml de leche de soja. Sírvalo con coco tostado espolvoreado por encima.

smoothie de frutas tropicales

para **600 ml**

1 **plátano** grande
1 **mango** maduro grande
150 g de **yogur natural**
300 ml de **zumo de piña**
trozos de piña, para servir
(opcional)

Pele y corte en rodajas el plátano, luego colóquelas en un recipiente para congelador y congélelas durante al menos 2 horas o hasta el día siguiente.

Pele el mango, deshuéselo y corte la pulpa en trozos más o menos grandes. Póngalos en un procesador de alimentos o una batidora con el plátano congelado, el yogur y el zumo de piña y procese hasta que no queden grumos.

Vierta la mezcla en vasos altos, decórela con trozos de piña, si lo desea, y sírvala inmediatamente.

Para preparar *smoothie* de kiwi, sandía y maracuyá, congele 300 g de pulpa de sandía, luego procésela con 2 kiwis y añada 200 ml de zumo de maracuyá.

smoothie de melocotón y tofu

para **300 ml**

100 g de **melocotón**
100 g de **tofu**
50 g de **helado de vainilla**
100 ml de **agua sin gas**
unas gotas de **esencia**
    de almendras natural
cubitos de hielo (opcional)

Corte en mitades el melocotón, retire la piel y el hueso
y corte la pulpa en trozos más o menos grandes.

Coloque el melocotón en un procesador de alimentos
o una batidora y añada el tofu y el helado. Vierta encima
el agua, añada un poco de esencia de almendras
y procese hasta que no queden grumos.

Vierta la mezcla en 2 vasos cortos sobre hielo, si lo usa,
y sírvala inmediatamente.

Para preparar *smoothie* de ruibarbo, licue 100 g de
ruibarbo cocido con 100 g de yogur natural vivo y 2 gotas
de extracto de vainilla. Endulce al gusto con miel.

smoothie de melocotón y naranja

para **200 ml**

200 g de **melocotones,
  enlatados en su jugo**
75 ml de **yogur con sabor
  a melocotón o albaricoque**,
  y un poco más para servir
100 ml de **zumo de naranja**
1 cucharadita de **miel clara**
  (opcional)
cubitos de hielo (opcional)

Escurra los melocotones y deseche el jugo.

Ponga los melocotones en un procesador de alimentos
o una batidora con el yogur, el zumo de naranja y la miel,
si la usa, y procese hasta que no queden grumos.

Vierta el *smoothie* en un vaso sobre hielo, si lo usa, eche
por encima cualquier yogur restante formando una espiral
y sírvalo inmediatamente.

Para preparar *smoothie* de melocotón, pera y frambuesa,
licue 1 melocotón y 1 pera con 125 g de frambuesas. Añada
150 ml de zumo de melocotón para obtener una bebida
ligeramente ácida.

batido marmolado de melocotón

para **900 ml**

300 g de **frambuesas**
4 cucharaditas de **miel clara**
2 **melocotones** jugosos
 grandes
1 cucharadita de **crema
 de vainas de vainilla**
 o unas gotas de **esencia
 de vainilla**
125 ml de **nata líquida**
150 ml de **zumo de naranja**

Ponga las frambuesas en un procesador de alimentos o una batidora y procéselas hasta obtener un puré liso. Pase el puré a través de un colador no metálico para retirar las semillas, y mézclelo con la mitad de la miel. Compruebe la dulzura y añada un poco más de miel si es necesario.

Corte en mitades los melocotones, deshuéselos y corte la pulpa en trozos más o menos grandes. Licue los melocotones hasta obtener un puré con la crema de vainas de vainilla o la esencia y la nata. Lícuelo con el zumo de naranja y con la miel restante.

Coloque con una cuchara una capa de puré de melocotón de unos 15 mm de alto en 2 vasos grandes. Añada una capa de puré de frambuesa y repita las capas. Cree un ligero efecto marmolado en los colores con un cuchillo y sírvalo.

Para preparar *smoothie* de vainilla y yogur, procese en la batidora 175 ml de yogur natural vivo con 1 cucharadita de crema de vainas de vainilla, 2 cucharadas de miel clara y 300 ml de zumo de manzana.

smoothie de ruibarbo y natillas

para **400 ml**

150 g de **ruibarbo enlatado**
150 g de **natillas preparadas**
100 ml de **leche
semidesnatada** muy fría
1 cucharadita de **azúcar lustre**
(opcional)
cubitos de hielo (opcional)

Escurra el ruibarbo y deseche el zumo.

Ponga el ruibarbo en un procesador de alimentos
con las natillas, la leche y el azúcar lustre, si lo usa,
y procese hasta que no queden grumos.

Vierta el *smoothie* en un vaso grande sobre hielo,
si lo usa, y sírvalo inmediatamente.

Para preparar batido de chocolate y cereza, licue 100 g
de cerezas deshuesadas con 100 ml de leche de soja
y 25 g de chocolate sin leche fundido. Sírvalo con hielo.

smoothie de frutas secas y manzana

para **450 ml**

125 g de **ensalada
  de frutas secas**
unos 400 ml de **zumo
  de manzana**
200 ml de **yogur griego**
cubitos de hielo (opcional)

Pique en trozos grandes la ensalada de frutas secas
y colóquela en un cuenco grande. Vierta encima el zumo
de manzana, tape el cuenco y déjelo reposar hasta
el día siguiente.

Ponga la ensalada de frutas secas y el zumo de manzana
en un procesador de alimentos o una batidora, añada
el yogur y procese hasta que no queden grumos, añadiendo
un poco más de zumo de manzana si es necesario.

Vierta el *smoothie* en 2 vasos, añada un par de cubitos
de hielo, si lo usa, y sírvalo inmediatamente.

Para preparar *smoothie* de albaricoque, procese
200 g de albaricoques enlatados en su jugo con 150 g
de yogur de albaricoque y 150 ml de leche semidesnatada
muy fría.

refresco de sandía

para **300 ml**

100 g de **sandía**
100 g de **fresas**
100 ml de **agua sin gas**
un manojo pequeño
   de **hojas de menta**
   o estragón, y unas más
   para servir (opcional)

Pele y quite las semillas a la sandía y corte en dados la pulpa.
Quite el rabo y las hojas a las fresas. Congele la sandía
y las fresas hasta que solidifiquen.

Ponga la sandía y las fresas congeladas en un procesador
de alimentos o una batidora, añada el agua y la menta
o el estragón y procese hasta que no queden grumos.

Vierta la mezcla en 2 vasos cortos, decórela con hojas
de estragón o menta, si lo desea, y sírvala inmediatamente.

Para preparar *smoothie* **de melón y almendra**, procese
100 g de pulpa de melón galia con 100 ml de leche de
almendra.

smoothie de pimiento rojo y tomate

para **200 ml**

50 g de **pimiento rojo**
50 g de **pepino**
30 g de **cebolleta**
100 ml de **zumo de tomate**
un chorrito de **jugo de limón**
un chorrito de **salsa de pimiento picante**
un chorrito de **salsa Worcestershire**
sal y pimienta

Quite el corazón y las semillas al pimiento rojo y corte la pulpa en trozos más o menos grandes. Pele el pepino y corte la pulpa en trozos más o menos grandes. Pique la cebolleta en trozos grandes, reservando unas tiras para decorar.

Vierta el zumo de tomate en un procesador de alimentos o una batidora, añada el pimiento, el pepino y la cebolleta y procese durante unos segundos. Pruébelo, luego sazone al gusto con jugo de limón, salsa de pimiento picante, salsa Worcestershire, sal y pimienta.

Vierta el *smoothie* en un vaso, adórnelo con la cebolleta restante y sírvalo inmediatamente.

Para preparar *smoothie* **de guacamole**, añada 40 g de cebolleta, medio chile rojo picado, medio aguacate maduro y 100 ml de zumo de tomate a un procesador de alimentos o una batidora y procese hasta que no queden grumos. Sírvalo con hielo y con un poco de cilantro picado.

zumos y
smoothies
para niños

zumo de mango y melón

para **unos 400 ml**

1 **mango** maduro
½ **melón galia**
200 ml de **zumo de naranja**
cubitos de hielo

Pele el mango, deshuéselo y corte la pulpa en trozos más o menos grandes. Pele y quite las semillas al melón galia y corte la pulpa en trozos más o menos grandes.

Ponga el mango y el melón en un procesador de alimentos o una batidora, añada el zumo de naranja y un par de cubitos de hielo y procese hasta que no queden grumos.

Vierta el zumo en 2 vasos cortos y sírvalo inmediatamente.

Para preparar zumo de uva y melón, licue 150 g de pulpa de melón galia con 75 g de uvas blancas sin pepitas. Diluya con 150 ml de agua.

zumo de mango, naranja y arándano

para **200 ml**

1 **mango**
1 **naranja**
125 g de **arándanos**
100 ml de **agua sin gas**
1 cucharadita de **miel clara**
cubitos de hielo (opcional)

Pele el mango, deshuéselo y corte la pulpa en trozos más o menos grandes. Pele la naranja y divida la pulpa en gajos. Licue los arándanos con el mango y la naranja.

Vierta el zumo en un vaso, mézclelo con el agua y la miel. Añada un par de cubitos de hielo, si los usa, y sírvalo inmediatamente.

Para preparar zumo de kiwi, naranja y fresa, licue 2 naranjas y 1 kiwi con 200 g de fresas.

zumo de melón, zanahoria y jengibre

para **200 ml**

250 g de **melón cantalupo**
1 **lima**
un trozo de 1 cm de **raíz
   de jengibre fresca**
125 g de **zanahoria**
cubitos de hielo,
   para servir (opcional)

Pele y quite las semillas al melón y corte la pulpa en dados. Pele la lima. Pele y pique en trozos grandes el jengibre. Licue la zanahoria con el melón, la lima y el jengibre.

Vierta el zumo en un vaso sobre hielo, si lo usa, y sírvalo inmediatamente.

Para preparar zumo de zanahoria, naranja y manzana, licue 2 zanahorias con 1 naranja y 1 manzana.

zumo de pera y piña

para **200 ml**

**200 g de piña fresca
  o enlatada en su propio jugo**
½ **limón**
**2 peras
cubitos de hielo**

Quite la piel y el corazón a la piña fresca y trocee la pulpa.
Si usa piña enlatada, escúrrala y deseche el jugo. Licue
el limón con la piña y las peras.

Vierta el zumo en un vaso sobre hielo y sírvalo inmediatamente.

Para preparar zumo de pera y kiwi, sustituya tanto el limón
como la piña por 3 kiwis. Éste es un zumo excelente para
una buena salud general.

zumo de manzana, piña y melón

para **200 ml**

½ **melón galia**
¼ **piña**
3 **manzanas verdes**
cubitos de hielo (opcional)

Pele y quite las semillas al melón. Quite la piel y el corazón a la piña. Corte toda la fruta en trozos del mismo tamaño y lícuela.

Vierta el zumo en un vaso sobre hielo, si lo usa, y sírvalo inmediatamente.

Para preparar zumo de ciruela y manzana, deshuese 5 ciruelas maduras y luego licuelas con 3 manzanas rojas. Sirva este zumo delicioso sobre hielo.

zumo de naranja, manzana y pera

para **200 ml**

2 **naranjas**
1 **manzana roja**
1 **pera**
cubitos de hielo (opcional)
1 cucharadita de **miel clara**
   (opcional)

Pele las naranjas y divida la pulpa en gajos. Corte la manzana y la pera en trozos del mismo tamaño. Licue toda la fruta.

Vierta el zumo en un vaso sobre hielo, si lo usa; mézclelo con la miel, si la usa, y sírvalo inmediatamente.

Para preparar granizado de manzana y pera, corte 2 peras y 2 manzanas en trozos más o menos grandes, luego procese el zumo en un procesador de alimentos o una batidora con algo de hielo.

polos de manzana, melocotón y fresa

para **300 ml**

2 **melocotones**
300 ml de **agua sin gas**
1 **manzana roja**
125 g de **fresas**

Corte en mitades los melocotones, deshuéselos, corte la pulpa en trozos más o menos grandes y lícuelos.

Añada un tercio del agua y reparta la mezcla con una cuchara en 3-4 moldes para polos. Congélela hasta que solidifique.

Corte en trozos más o menos grandes la manzana y lícuela. Añada un tercio del agua y échelo por encima de la mezcla de melocotón congelada. Congélelo hasta que solidifique.

Quite el rabo y las hojas a las fresas y luego lícuelas. Añada el agua restante, viértalo sobre la mezcla de manzana congelada y congélelo hasta que solidifique.

Para preparar zumo de naranja y fresa, quite el rabo y las hojas a 200 g de fresas y lícuelas con 2 naranjas.

zumo de fresa, grosella roja y naranja

para **250 ml**

100 g de **fresas**
75 g de **grosellas rojas**,
   y algunas más para servir
   (opcional)
½ **naranja**
125 ml de **agua sin gas**
½ cucharadita de **miel clara**
   (opcional)
cubitos de hielo

Quite el rabo y las hojas a las fresas. Quite los rabillos de las grosellas y pele y divida en gajos la naranja. Licue la fruta, añada el agua y mézclelo con la miel, si la usa.

Vierta el zumo en un vaso, añada unos cubitos de hielo y decórelo con más grosellas rojas, si lo desea. Para convertir este zumo en polos, viértalo en moldes para polos después de mezclarlo con la miel y congélelo.

Para preparar zumo de kiwi y naranja, corte en trozos más o menos grandes 3 kiwis y licuelos con 2 naranjas grandes.

zumo de melón, mora y kiwi

para **200 ml**

100 g de **melón cantalupo**
2 **kiwis**
100 g de **moras** frescas
  o congeladas, y algunas
  más para servir
½ **naranja**
100 ml de **zumo de manzana**
2-3 **cubitos de hielo**

Corte el melón en dados pero sin quitarle la piel. Corte los kiwis en rodajas. Licue las moras con el melón y los kiwis.

Pase el zumo a un procesador de alimentos o una batidora, añada el zumo de manzana y un par de cubitos de hielo y procéselo durante unos segundos.

Vierta el zumo en un vaso, decórelo con unas cuantas moras y sírvalo inmediatamente.

Para preparar zumo de kiwi, melón y uva, corte 2 kiwis en trozos más o menos grandes y lícuelos con 375 g de pulpa de melón honeydew y 125 g de uvas blancas sin pepitas. Como alternativa, congele el zumo en moldes para polos.

zumo de kiwi, sandía y maracuyá

para **300 ml**

unos 300 g de **sandía**
2 **kiwis**
200 ml de **zumo
de maracuyá**

Pele y quite las semillas a la sandía y corte la pulpa
en dados. Ponga la sandía en un recipiente para congelador
y congélela durante al menos 2 horas o hasta el día siguiente.

Pele y corte los kiwis en trozos más o menos grandes,
luego póngalos en un procesador de alimentos o una batidora
con la sandía y el zumo de maracuyá y procese hasta obtener
un zumo espeso.

Vierta el zumo en un vaso grande y sírvalo inmediatamente.

Para preparar zumo de kiwi, sandía y piña, corte 2 kiwis
en trozos más o menos grandes y licuelos con 300 g de pulpa
de sandía y 200 ml de zumo de piña.

zumo de fresa, zanahoria y remolacha

para **300 ml**

250 g de **zanahorias**
125 g de **remolacha**
1 **naranja**
125 g de **fresas**,
   y unas más para servir
   (opcional)
cubitos de hielo

Licue las zanahorias, la remolacha y la naranja.

Quite el rabo y las hojas a las fresas. Ponga el zumo de zanahoria, remolacha y naranja en un procesador de alimentos o una batidora, añada las fresas y unos cuantos cubitos de hielo y procéselo hasta que no queden grumos.

Vierta el zumo en un vaso grande, decórelo con una fresa, si lo desea, y sírvalo inmediatamente.

Para preparar zumo de fresa, melón y pepino, quite el rabo y las hojas a 100 g de fresas y licuelas con 75 g de melón honeydew y la misma cantidad de pepino.

zumo de tomate, naranja y apio

para **400 ml**

2 **naranjas**
2 **tallos de apio**, más unos tallos
  con hojas para servir
4 **tomates**
2 **zanahorias**
cubitos de hielo

Pele las naranjas. Quite las puntas al apio y córtelo en trozos de 5 cm de largo. Licue los tomates y las zanahorias con las naranjas y el apio.

Vierta el zumo en 2 vasos altos sobre hielo, decórelo con los agitadores frondosos de apio y sírvalo inmediatamente.

Para preparar zumo de apio y manzana, quite las puntas a 3 tallos de apio y córtelos en trozos de 5 cm de largo. Licue el apio con 2 manzanas y 25 g de brotes de alfalfa.

zumo de mango, manzana y pepino

para **200 ml**

200 g de **manzana**
125 g de **pepino**
100 g de **mango**
cubitos de hielo

Pele la manzana y el pepino. Pele el mango, deshuéselo y corte la pulpa en trozos más o menos grandes. Lícuelos con las manzanas y el pepino.

Pase el zumo a un procesador de alimentos o una batidora, añada un par de cubitos de hielo y procéselo en la batidora para hacer un granizado de frutas. Sírvalo inmediatamente.

Para preparar zumo de papaya, naranja y pepino, licue 125 g de pulpa de papaya con la misma cantidad de pepino y 2 naranjas.

smoothie de piña, chirivía y zanahoria

para **300 ml**

250 g de **piña**, y unos trozos
   más para servir (opcional)
100 g de **chirivía**
100 g de **zanahoria**
75 ml de **leche de soja**
cubitos de hielo

Pele la piña, quítele el corazón y corte la pulpa en trozos.
Licue las chirivías y las zanahorias con la piña.

Pase el zumo a un procesador de alimentos o una batidora,
añada la leche de soja y unos cuantos cubitos de hielo
y procéselo hasta que no queden grumos.

Vierta la mezcla en 2 vasos cortos, decórela con cuñas
de piña, si lo desea, y sírvala inmediatamente.

Para preparar *smoothie* **de zanahoria, naranja y plátano**,
licue 150 g de zanahoria con 100 g de naranja, luego
procéselo en un procesador de alimentos o una batidora
con 100 g de plátano y 6 albaricoques secos.

smoothie de frambuesa y arándano azul

para **200 ml**

250 g de **frambuesas**
200 ml de **zumo de manzana**
200 g de **arándanos azules**
4 cucharadas de **yogur griego**
100 ml de **leche desnatada**
1 cucharada de **miel clara**,
  o al gusto
1 cucharada de **germen
  de trigo** (opcional)

Haga un puré con las frambuesas y la mitad del zumo de manzana. Haga un puré con los arándanos azules y el zumo de manzana restante.

Mezcle el yogur, la leche, la miel y el germen de trigo, si lo usa, y añada 1 cucharada de puré de frambuesa.

Vierta el puré de arándano azul en un vaso alto. Vierta por encima con cuidado la mezcla de yogur, y luego vierta el puré de frambuesa sobre la superficie del yogur. Sírvalo frío.

Para preparar zumo de bayas y vainilla, procese 150 g de bayas mixtas congeladas con 300 ml de leche de soja con sabor a vainilla y 1 cucharadita de miel clara.

smoothie de mango, manzana y grosella negra

para **400 ml**

3 **mangos**
2 cucharadas de **sorbete de mango**
100 ml de **zumo de manzana**
200 g de **grosellas negras o arándanos azules**

Pele los mangos, deshuéselos y corte la pulpa en trozos más o menos grandes. Haga un puré con los mangos, el sorbete de mango y la mitad del zumo de manzana. Resérvelo en frío.

Haga un puré con las grosellas negras y el zumo de manzana restante.

Reparta con una cuchara el *smoothie* de mango en 2 vasos cortos. Coloque una cuchara sobre la superficie del mango, sujetándola lo más plana posible, y vierta encima el puré de grosella negra. Arrastre hacia abajo una cucharita de postre o una brocheta por el interior del vaso, para formar tiras verticales.

Para preparar *smoothie* de arándano azul, manzana y miel, añada 200 g de arándanos azules a un procesador de alimentos o una batidora con 100 ml de zumo de manzana, 300 ml de yogur natural y 2 cucharadas de miel clara. Procéselo hasta que esté bien triturado.

polos de fresa, mango y naranja

para **450 ml**

125 g de **fresas**
1 **mango** maduro pequeño
300 ml de **zumo de naranja**

Quite el rabo y las hojas a las fresas, luego congélelas durante 2 horas o hasta el día siguiente.

Pele el mango, deshuéselo y corte la pulpa en trozos más o menos grandes. Procese el mango, las fresas congeladas y el zumo de naranja en un procesador de alimentos o una batidora hasta obtener una mezcla espesa.

Vierta la mezcla en moldes para polos y congélela hasta que solidifique.

Para preparar *smoothie* **de fresa, naranja y plátano**, pele 1 plátano maduro pequeño y congélelo junto con 75 g de fresas durante un par de horas. Ponga la fruta en un procesador de alimentos o una batidora con 250 ml de zumo de naranja y procese hasta que no queden grumos.

smoothie de plátano, mango y naranja

para **400 ml**

1 **plátano** maduro
1 **mango** maduro
200 ml de **zumo de naranja**
200 ml de **leche
semidesnatada**
3 cucharadas de *fromage frais*
2-3 **cubitos de hielo**

Pele y corte el plátano en rodajas. Pele el mango, deshuéselo y corte la pulpa en trozos más o menos grandes.

Ponga el plátano, el mango, el zumo de naranja, la leche, el *fromage frais* y un par de cubitos de hielo en un procesador de alimentos o una batidora y procese hasta que no queden grumos.

Vierta la mezcla en 2-3 vasos cortos y sírvala inmediatamente.

Para preparar *smoothie* de papaya, naranja y plátano, procese la pulpa de una papaya con un plátano en un procesador de alimentos o una batidora, luego añada el zumo de 1 naranja y 300 ml de zumo de manzana.

smoothie de kiwi, mango y frambuesa

para **400 ml**

3 **kiwis**
150 ml de **yogur con sabor
   a limón o naranja**
1 **mango** pequeño
2 cucharadas de **zumo
   de naranja o manzana**
150 g de **frambuesas**
1-2 cucharaditas de **miel clara**

Pele y corte en trozos más o menos grandes los kiwis, luego procéselos en un procesador de alimentos o una batidora hasta que no queden grumos. Reparta con una cuchara el puré en 2 vasos altos y ponga encima 1 cucharada de yogur, repartiendo el yogur hacia los lados de los vasos.

Pele el mango, deshuéselo y corte la pulpa en trozos más o menos grandes. Licue el mango hasta obtener un puré con el zumo de naranja o manzana y repártalo en los vasos con una cuchara sobre el puré de kiwi y yogur. Ponga encima otra capa de yogur.

Licue las frambuesas y páselas a un cuenco a través de un colador para quitar las semillas. Compruebe su dulzura (quizá necesite mezclarlas con un poco de miel si están muy ácidas) y reparta el puré de frambuesas en los vasos con una cuchara.

Para preparar *smoothie* **de mango, manzana y maracuyá**, licue 3 manzanas. Procese el zumo en un procesador de alimentos o una batidora con la pulpa de un mango y 2 maracuyás.

smoothie de melocotón y naranja

para **400 ml**

400 g de **melocotones**
enlatados en jugo natural
150 ml de **yogur con sabor
a melocotón o albaricoque**,
y un poco más para servir
200 ml de **zumo de naranja**
miel clara (opcional)
2-3 **cubitos de hielo** (opcional)

Escurra los melocotones, desechando el jugo, y colóquelos en un procesador de alimentos o una batidora con el yogur, el zumo de naranja, la miel, si la usa, y un par de cubitos de hielo, si lo desea. Procese hasta que no queden grumos.

Vierta la mezcla en 2 vasos cortos y eche por encima cualquier yogur restante formando una espiral.

Para preparar *smoothie* **de yogur y cítricos**, ponga 200 g de pomelo enlatado en jugo natural en un procesador de alimentos o una batidora con 150 ml de yogur con sabor a limón y 150 ml de leche semidesnatada. Procese hasta que no queden grumos.

smoothie de melocotón

para **200 ml**

1 **melocotón** grande
150 ml de **yogur natural**
50 ml de **leche**
frambuesas, para decorar

Pele el melocotón, deshuéselo y corte la pulpa en trozos más o menos grandes. Ponga el melocotón, el yogur y la leche en un procesador de alimentos o una batidora y procese hasta que no queden grumos.

Vierta el *smoothie* en un vaso, decórelo con las frambuesas y sírvalo inmediatamente.

Para preparar *smoothie* de piña, plátano y fresa, licue 100 g de fresas con 300 g de piña. Ponga el zumo en un procesador de alimentos o una batidora, añada un plátano y procéselo hasta que no queden grumos.

smoothie de fresa y soja

para **200 ml**

100 g de **fresas** frescas
   o congeladas
200 ml de **leche de soja**
2 **kiwis**
cubitos de hielo (opcional)
25 g de **almendras laminadas**,
   para decorar (opcional)

Quite el rabo y las hojas a las fresas. Póngalas en un procesador de alimentos o una batidora con la leche de soja y los kiwis y procese durante unos segundos. Si utiliza fresas frescas en vez de congeladas, añada un par de cubitos de hielo, si los usa, y procese hasta que no queden grumos.

Vierta la mezcla en un vaso, decórela con almendras laminadas, si lo desea, y sírvala inmediatamente.

Para preparar *smoothie* de bayas del verano y miel, ponga 125 g de bayas mixtas congeladas en un procesador de alimentos o una batidora con 300 ml de zumo de pomelo, 3 cucharadas de quark y 1 cucharadita de miel clara. Procéselo hasta que no queden grumos.

smoothie de plátano y chocolate

para **400 ml**

1 **plátano**
2 cucharadas de **cacao en polvo**
de cultivo ecológico
300 ml de **leche**
semidesnatada
100 ml de **zumo de manzana**
2 bolas grandes de **helado**
de vainilla
cacao en polvo o **virutas**
de chocolate, para decorar

Pele y corte en trozos más o menos grandes el plátano. Colóquelos en un procesador de alimentos o una batidora con el cacao en polvo, la leche, el zumo de manzana y el helado y procese hasta que no queden grumos.

Vierta la mezcla en 2 vasos altos, espolvoréela con cacao en polvo o virutas de chocolate y sírvala.

Para preparar *smoothie* de plátano y manteca de cacahuete, ponga un plátano, 300 ml de leche semidesnatada y 1 cucharada de manteca de cacahuete lisa en un procesador de alimentos o una batidora hasta que no queden grumos.

smoothie de plátano y mango

para **600 ml**

1 **plátano** grande, y un poco
    más para decorar (opcional)
1 **mango** maduro grande
150 ml de **yogur natural**
300 ml de **zumo de piña**

Pele y corte el plátano en rodajas, luego colóquelas
en un recipiente para congelador y congélelas durante
al menos 2 horas o hasta el día siguiente.

Pele el mango, deshuéselo y corte la pulpa en trozos
más o menos grandes.

Ponga el plátano congelado, el mango, el yogur y el zumo
de piña en un procesador de alimentos o una batidora,
procese hasta que no queden grumos.

Vierta la mezcla en 3 vasos, decórela con una rodaja
de plátano, si lo desea, y sírvala inmediatamente.

Para preparar *smoothie* de canela, yogur y plátano,
licue un plátano maduro pequeño con 250 ml de yogur
natural vivo, una pizca de canela y miel clara, al gusto.

índice

237

238

agradecimientos

Editora ejecutiva Nicky Hill
Editora colaboradora Sarah Ford
Editora Lisa John
Editor artístico ejecutivo Mark Stevens
Diseñador Geoff Borin
Fotógrafa Lis Parsons
Especialista en economía doméstica Alice Storey
Atrezzista Liz Hippisley

Fotografías por encargo © Octopus Publishing Group
Limited/Lis Parsons excepto las siguientes: Octopus
Publishing Group Limited/Gareth Sambridge 11, 13, 24,
24, 26, 34, 86, 130, 170, 180; / Janine Hosegood 12,
28, 36, 76, 90; / Jeremy Hopley 64; / Karen Thomas
152; / Stephen Conroy 8; / Vanessa Davies 9, 186, 205,
210, 214, 216, 222, 224, 230.

200 deliciosas recetas fáciles para
zumos y batidos

Las instrucciones claras y precisas
acompañadas de imágenes y fotograf
convierten a este libro en el ideal para
cualquier cocinero, sea cual sea su nivel

BLUME

Disfrute de una b
y una buena salu
productos sanos
de forma saludabl

ISBN 9788480769099

9 788480 769099

US $8.95
CAN $9.95
5 0 8 9 5

Octopus Publishing Group Limited/Lis Parsons